Las palabras tienen poder para construir y destruir

Words have power to construct and destroy

Ingrid De León

POOR Press

ISBN 978-1-956534-04-7

Thank you to POOR Press team for
design and copy-editing.
Gracias al equipo de Prensa POBRE
por el diseño y la edición.

POOR Press is a poor and indigenous people-led press
dedicated to publishing the books and scholarship of
youth, adults, and elders in poverty locally and globally.

Prensa POBRE es una prensa dirigida por pueblos
indígenas y pobres que se dedica a publicar los
libros y escolaridad de jóvenes, adultos y ancianos
en situación de pobreza localmente y globalmente.

www.poormagazine.org
www.poorpress.net

Las palabras tienen tanto poder para construir o destruir, y más cuando esas palabras salen de la boca de una de tus padres.

A mis 45 años de edad entendí que yo no puedo más con algo que mi padre que en paz descanse hizo. O más bien dijo, cuando yo era una niña, aproximadamente cuando yo tenía 9 años, en un lugar lejos de la ciudad donde solo el canto de las aves alegraban el lugar el Silbido de las montañas sonaban como violines allí. Yo nací y crecí en un hogar donde éramos 8 hermanos y mis padres. Yo era una niña muy alegre y amada, yo pensé que por mi padre mas, pues el me llamaba "mi sequedad," mi niña chula. Yo era la niña más alegre, a la edad de 7 años conocí a Dios aunque no lo he visto lo siento en mí. También me di cuenta que yo usaba zapatos de cuero, o de piel como dicen, y mis hermanos usaban zapatos plásticos y botas de hule.

Words have so much power to build or destroy, and more when those words come from the mouth of one of your parents.

At 45 years of age I understood that I can't take it anymore with something that my father, may he rest in peace, did. Or rather said, when I was a girl, when I was about 9 years old, in a faraway place of the city where only the song of the birds brightened the place and the whistle from the mountains sounded like violins. I was born and grew up in a home where we were 8 siblings and my parents. I was a child very happy and loved, I thought the most of my father, since he would call me "my dryness," my cute girl. I was the happiest girl, and at the age of 7, I knew God, although I had not seen him I felt him in me. I also realized that I wore leather shoes, or skin as they say, and my brothers wore plastic shoes and rubber boots.

Les pregunté a mis padres porque y ellos me dijeron que cuando yo tenía como un año me enfermé y el médico dijo que me cuidaran los pies. Hasta hoy día no sé porqué y de que me enfermé. Yo solo me sentía amada, aunque a veces me sentía asustada, enojada y con miedo porque mi padre le pegaba a mi madre, pero aún yo me sentía amada. Hasta que un día no sé por qué razón mi padre dijo es que tu no quieres a tu Hermana. Lo dijo por mi Hermana menor pero yo ni lo tome en cuenta pues quizás nos peleamos como todos los Hermanos. Yo no le tomé importancia, y seguí alegre sonriendo y soñando que cuando creciera iba ser una doctora o Dueña de un negocio y mi padre decía esta hija es tan inteligente que ella nos va sacar de la pobreza. Pues mis calificaciones en la escuela eran muy altos, los maestros calificaban del 50 al 100 y mis puntos más bajos eran 60.

I asked my parents why and they told me that when I was about a year old I got sick and the doctor said that they should take care of my feet. To this day I don't know why and what I was sick with. I just felt loved, although sometimes I felt scared, angry and afraid because my father would hit my mother, but still I felt loved. Until one day, I don't know for what reason, my father said, "It's that you don't love your sister." He said it about my little sister but I didn't even take it into account, maybe because we fight like all siblings. I did not take it seriously, and continued, happy and smiling and dreaming that when I grew up I was going to be a doctor or businessowner and my father said, "This daughter is so smart that she is going to get us out of poverty." Well, my grades in school were very high, the teachers graded from 50 to 100 and my lowest points were 60.

Yo entendía todo y disfrutaba cada caso que hacía y a pesar que todos los días mi padre buscaba con los vecinos maíz para que comiéramos yo era feliz, y pensaba cuando crezca voy hacer ropa y voy a tener muchas máquinas, también trabajadoras. Primeramente Dios voy a comprar un terreno, haré mi casa y cuando algún hombre se quiera casar conmigo que voy a decir si pero te vienes a vivir conmigo para que si él decidía pegarme yo lo iba a correr de mi casa. Pues porque yo escuchaba que mi papa le decía a mi mamá lárgate de mi casa pues tú no tienes nada y la golpeaba. Eso a mi me enojaba pero amaba a mis dos padres no podía tener preferencia con uno y con otro.

I understood everything and enjoyed every class I did, and even though every day my father asked the neighbors for corn so that we would eat, I was happy, and I thought that when I grow up I'm going to make clothes and I'm going to have many machines and workers. First, God, I'm going to buy a piece of land, I'll make my home and when some man wants to marry me, well, I'm going to say, "Yes, but you come to live with me," so that if he decided to hit me, I would run him out of my house. Well, because I would hear that my dad would tell my mom, "Get out of my house since you have nothing," and he would hit her. That made me angry but I loved my two parents and I could not prefer one over the other.

Los amaba igual a los dos, pero si a veces me enojaba dentro de mi porque mi padre cuando le pegaba a mi madre después de unos minutos que la habían pegado le decía ¿te dolió? mi madre llorando decía si. Yo me enojaba y decía porque mi mamá le contesta esa pregunta, yo fuera ella ni le contestara o le dijera todavía se atreve a preguntarme si me dolió. Ni le habla dijera yo, eso pensaba y por lo mismo yo decía que no me iba ir a vivir con un hombre para que no me golpeara y después me quisiera dar cariño. Bueno eso era lo único que me hacía sentir como una hormiga que no sabia que hacer, y así pasó el tiempo. De repente mi padre por sus celos y por un hombre que dijo ser hermano de mi mamá él se hizo algo sin comunicarle a mi madre y como no se cuidó, él sacaba madera, un trabajo pesado, se le rompió la cirugía.

I loved both of them the same, but yes, sometimes I got angry inside of me because my father, a few minutes after he hit my mother, would say to her, "Did it hurt?" My mother, crying, would say "Yes." I got angry and said, "Why does my mom answer that question, if I was her I would not even answer him or would tell him he still dares to ask me if it hurt me. Don't even speak to him I would say." That's what I thought, and for the same reason I said that I was not going to go live with a man so he wouldn't hit me and then try to give me affection. Well, that was the only thing that made feel like an ant that didn't know what to do, and so time went by. Suddenly my father, for his jealousy and for a man who said he was the brother of my mom, did something without communicating with my mother and since he did not take care of himself, he harvested wood, a heavy job, it broke his surgery.

Estaba frustrado me imagino yo como tampoco el campo le daba frutos, todo lo que él sembraba se perdía antes de la cosecha por una maldición de mi abuela que le dejó a mi padre solo porque él la defendió del marido que ella tenía. Por eso mi padre estaba estresado sin dinero, sin que darnos para comer. Yo no sé en realidad que pasaba por la mente de mi padre pero él no quiso ir al médico y dejo de comer. Le dijo a mi madre que pusiera la siembra del campo a su nombre y bendito sea Dios. Ese año fue el primero de muchas bendiciones en nuestras vidas pero mi padre seguía mal cada día, y cuando tenía 30 días de no comer, mi hermano mayor que en paz descanse ya estaba en Estados Unidos el se enteró que mi padre estaba enfermo y mis Hermanas mayores estaban en la ciudad también se enteraron. Fueron a traer a mi padre para llevarlo al médico.

He was frustrated, I imagine, since neither did the field give him fruits, everything that he sowed was lost before the harvest due to a curse from my grandmother that she put on my father just because he defended her from her husband that she had. That's why my father was stressed without money, without feeding us. I don't really know what was going through my father's mind, but he didn't want to go to the doctor and stopped eating. He told my mother to plant the field in his name and blessed be God. That year was the first of many blessings in our lives but my father remained sick every day, and when he had 30 days of not eating, my older brother, may he rest in peace, was already in the United States and found out that my father was sick, and my older sisters in the city also found out. They went to get my father to take him to the doctor.

El estaba muy débil pero dijo que se quería curar pues se emocionó por una carta que recibió de mi Hermano, que compraría una casa en la ciudad y lo dejaría como dueño a mi padre. Por eso el dijo sí voy al médico. Me recuerdo que los gallos cantaban ese día como si estuvieran tristes, no se como los vecinos se enteraron pero recuerdo que había mucha gente, le hicieron una silla a mi papa para cargarlo pues él estaba muy débil.

He was very weak but said that he wanted to heal because he became emotional from a letter he received from my brother, who would buy a house in the city and would leave it to my father as the owner. That's why he said, "Yes, I will go to the doctor." I remember that the roosters were crowing that day as if they were sad. I don't know how the neighbors found out, but I remember there was a lot people, and they made a chair for my dad to carry him because he was very weak.

Pero a él no le gustó y pidió que ensillaron la llega que él tenía y se despidió de nosotros. A la semana siguiente yo me fui a ciudad a la capital para cuidarlo pero lo triste fue que ese día que yo llegué a la ciudad capital a él lo habían internado en el hospital el cual salió muerto y después de eso fue lo amargo de mi vida. No porque no tuviera amor de mi madre, gracias a Dios ella me amaba pero lo triste de ella es que también ella empezó a decir que yo no amaba a mi Hermana y así continuaron mis Hermanos todos diciendo tu odias a tu Hermana.

But he did not like it and asked that they saddled the arrival that he had and said goodbye to us. The following week I went to the city, to the capital, to take care of him. But the sad thing was that the day that I arrived at the capital city, they had admitted him into the hospital, where he died. After that was the bitterest time of my life. Not because I didn't have love from my mother, thank God she loved me, but the sad thing about her is that she also started to say that I did not love my sister, and in this way, all my siblings continued saying, "You hate your sister."

Excepto mi Hermano, que en paz descanse, él sí jamás me trató mal. Lo extraño, él fue el único que creía en mí y siempre me dijo, tú puedes Hermanita tu y yo somos los que no se rinden por nada por eso no nos quieren nuestros Hermanos, tú eres chingona igual que yo me dijo y sus palabras suenan en mis oídos y son los que me dan la fuerza para salir adelante. Pero los demás me dicen que yo odiaba a mi Hermana y ella aprovechó de eso para hacerme daño, decía mentiras para que mis Hermanos me maltrataran como todos decían lo mismo. No había palabra ni poder para hacerlos cambiar y mi mamá me decía tu odias a tu Hermanita hasta tu papá se dio cuenta y eso yo lo se decía ella.

Except my brother, may he rest in peace, he never treated me badly. I miss him, he was the only one who believed in me and he always told me, "You can, little sister, you and I are those that do not give up on anything, and for that our siblings don't want us. You are chingona just like me," he told me, and his words ring in my ears and are the ones that give me strength to keep on going. But others told me that I hated my sister and she took advantage of that to hurt me, she told lies so that my siblings would mistreat me as they all said the same thing. There was no word nor power to make them change, and my mom would tell me, "You hate your little sister, even your dad realized that," and I know she would say that.

Para todos fue muy fácil acusarme pero nadie se dio cuenta del daño emocional y sicológico que me estaban haciendo porque yo en ningún momento sentía enojo hacia mi Hermana y yo muchas veces quería encontrar una manera como partir mi pecho y que mi mamá y mis Her- manos vieron que yo no odiaba a mi Hermana. Pero como no sabía cómo hacerlo nadie me creía. Era mi mamá y mis Hermanos todos contra mí. Yo lloraba todos los dias porque no sabía a quién acudir y que me entendiera y hablara con mi mamá y con mis Hermanos pero no sabía a quién acudir. Le decía a Dios, pero el dolor crecía cada día mas y mas hasta que ya no pude mas y me empecé a golpearme con lo que yo encontraba. Me golpeaba la cabeza y decía porque nací. Me empecé a enojar conmigo misma y siempre era lo mismo.

For everyone, it was very easy to accuse me, but no one realized the emotional and psychological damage that they were causing me because I did not at any moment feel anger towards my sister. I often wanted to find a way to split my chest open so that my mom and my siblings could see that I did not hate my sister. But since I didn't know how to do it, nobody believed me. It was my mom and my siblings all against me. I cried every day because I did not know who to go to and who would understand me and talk to my mom and my siblings, but I did not know who to turn to. I turned to God, but the pain grew more and more every day until I could't take it any longer and I started hitting myself with whatever I found. I would hit my head and say, "Why was I born?" I started to get mad at myself and it was always the same.

Luego antes de cumplir los 15 años de edad, me fui de la casa de mi mamá a trabajar a la ciudad ganando 60 Quetzales al mes. Mi Sueño era estudiar corte y confección, poner mi negocio y que nadie se riera de mí como lo hacia toda la gente. Pues cuando tenía entre 11 y 14 años trabaje con un señor en el campo y él no me pagaba todo lo que yo trabajaba por eso abrí una cuenta de ahorros en el banco y guardaba mi dinero. Pero después de un tiempo, yo le dije a la señora con quien yo trabajaba que quería estudiar costura y ella me llevó a la academia luego compre mi maquina de coser me costó 1,500 Quetzales. Fue mucho trabajo para mi por lo poco que ganaba pero sentía que mi Sueño se hacía realidad y que yo no iba a ser la burla de nadie. Al tiempo la señora llevó a sus sobrinas a vivir con ella y me aumento 200 Quetzales. Yo estaba más que feliz pues yo podía comprar las cosas que me pedían en la academia.

Then before I turned 15 years old, I left my mom's house to work in the city, earning 60 Quetzales per month. My dream was to study cutting and making clothes, make my business, and that no one would laugh at me like all the people would do. Well, when I was between 11 and 14 years old I worked with a man in the fields and he didn't pay me everything I earned, so I opened a savings account in the bank and kept my money. But after a while, I told the lady with whom I worked that I wanted to study sewing, and she took me to the academy and I bought my sewing machine that cost me 1,500 Quetzales. It was a lot of work for me for the little that I was making, but I felt that my dream came true and that I was not going to be the mockery of anyone. At the time, the lady took her nieces to live with her and increased me to 200 Quetzales. I was more than happy since I could buy the things they asked me to in the academy.

Pero después de un año que las sobrinas estaban allí la señora me dijo que llevaría a su sobrino con su familia a comer todos los dias y me pagaría 100 Quetzales. Mas luego llegaba él, decía con su esposa y sus hijos a desayunar todos los días y yo contenta aunque tenía más trabajo pero ya ganaba 360 Quetzales al mes. Pero después de un tiempo yo fui a mi casa a sacar mi cédula pues ya tenía 18 años, y cuando regrese un tiempo después solo el sobrino de mi patrona llegaba a desayunar. La señora me dijo que él era piqui así que lo que él me pidiera de desayunar le hiciera. Así pasó el tiempo hasta que una mañana el hombre me dijo que le hicieras huevos estrellados, cuando le serví me agarró la mano y yo me jale y corrí hacia la cocina. Luego él me llamó y me dijo ven, no quiero estos huevos. Cuando llegué al comedor me dijo ¿hay tomate y cebolla?

But after one year that the nieces were there, the lady told me I would take her nephew with his family to eat every day and they would pay me 100 Quetzales. Later he arrived and said to take him with his wife and his children to eat breakfast everyday, and I was happy even though I had more work because I was already earning 360 Quetzales per month. But after a while I went to my house to get my ID card because I already was 18 years old, and when I returned some time later only my boss's nephew came to eat breakfast. The lady told me that he was picky, so he would ask me what I would make for him for breakfast. This is how time passed until one morning the man told me to make him fried eggs, and when I served him, he grabbed my hand and I pulled away and ran towards the kitchen. Then he called me and told me, "Come, I don't want these eggs." When I got to the dining room, he said to me, "Is there tomato and onion?"

Yo le dije que sí, entonces me dijo hazme unos huevos revueltos. Le dije si ya se los hago. Cuando yo me agaché a sacar las cosas del refrí él me metió algo en la boca y me amarro las manos y abusó de mí. Yo recuerdo que cuando me desato me dijo porqué no me dijiste que eres virgen. Le grité estúpido acaso me pregunto lloré por todo el día y no comí mi patrona me preguntó qué me pasaba, le dije que nada y el tercer día apareció el viejo ese y sólo para decirme que no le dijera nada a su tía porque si le decía el acabaría con mi familia empezando por mi mamá. Yo le creí y no dije nada, me empecé a golpear otra vez y lloraba todos los días y empecé a pensar que yo era una basura que no servía para nada. Dejé de estudiar y pedí mi renuncia en el trabajo. La señora lloraba y me decía que me iba a pagar más, pero yo ya no era feliz.

I told him yes, then he said to me, "Make me some scrambled eggs." I said to him, "Yes, I will make them for you now." When I bent down to get things out of the fridge, he put something in my mouth and tied my hands and he abused me. I remember that when he untied me, he asked me "Why didn't you tell me that you're a virgin?" I yelled at him, "Stupid! By chance did you ask me?" I cried for the whole day and I didn't eat. My employer asked me what was wrong, I told her nothing, and the third day the old man appeared just to tell me not to say anything to his aunt because if I told her, he would end my family, starting with my mom. I believed him and I said nothing. I started hitting myself again and I cried every day and started to think that I was useless trash. I stopped studying and asked for my resignation at the job. The lady cried and told me she was going to pay me more, but I was no longer happy.

Me fui para la casa de mi mamá con la intención de venirme a los Estados Unidos pero me lastime y no pude viajar. Luego mi Hermano que ya está muerto me dijo que el me iba a traer y que con lo que yo sabía de costura íbamos a poner un negocio aquí en San Francisco, que me viniera el 26 de marzo del mismo año. Pero lamentablemente él murió el 2 de marzo. Para mí fue triste, sentí como que perdí a mi padre nuevamente. Después esto me fui a la capital otra vez, ganaba más pero no pude estudiar la academia estaba muy cara. Luego regresé a la casa de mi mamá, pues yo no encontraba felicidad en ningún lado. Yo tenía un novio con quien yo quería casarme. Nos amábamos, él me respetó todo el tiempo y como yo le iba a decir lo que me pasó decidí dejarlo pues mis padres decían que cuando una mujer ya no es virgen no vale nada y el marido la golpearía todos los días.

I left to my mom's house with the intention of coming to the United States, but I got hurt and I couldn't travel. Then my brother, who is already dead, told me that he was going to bring me, and that with what I knew about sewing we were going to start a business here in San Francisco. He told me to go on March 26th of the same year. But sadly he died March 2nd. For me it was sad, I felt like I lost my father again. After this, I went to the capital again, I made more but I couldn't study because the academy was very expensive. Then I returned to my mom's house, but I couldn't find happiness anywhere. I had a boyfriend whom I wanted to marry. We loved each other, he respected me all the time, but how was I supposed to tell him what happened to me, so I decided to leave him because my parents said that when a woman is no longer a virgin she is worth nothing and the husband would hit her every day.

Por eso tanto fue el miedo que decidí dejarlo, él lloraba y no aceptaba lo que yo le decía que lo nuestro se acabó seguimos por un tiempo más. Hasta que un día un hombre que dijo que era mi primo, yo lo había conocido con un familiar, llegó a la iglesia donde yo cantaba. Me saludó y cuando el culto terminó se acercó a mí para decirme que a quién esperaba. Le dije que a mi novio y después de un rato él dijo si quiere vamos. Yo le dije que no, porque mi novio se podía enojar. El dijo que no pasaba nada, vamos despacio en mientras él viene y yo de tonta le hice caso. Caminamos y nada después que ya habíamos caminado un poco más de la casa de él yo le dije primo tengo que esperar a mi novio. El dijo está bien y nos quedamos platicando. Cuando iba mi novio y me dijo ¿porque no me esperaste?

Because of that, I was so afraid that I decided to leave him. He cried and did not accept what I said to him that what we had was over, so we continued for a while more. Until one day a man who said he was my cousin, I had met him with a relative, came to the church where I sang. He greeted me and when the service ended he came up to me to ask me who I was waiting for. I told him I waited for my boyfriend, and after a while he said, "If you want, let's go." I told him, "No, because my boyfriend could get mad." He said, "Nothing will happen, let's go slowly in the meantime while he comes," and me, stupid, paid attention to him. We walked and nothing happened. After we had already walked a little more from his house, I told the cousin, "I have to wait for my boyfriend." He said that's fine and we stayed talking. When my boyfriend came, he asked me "Why didn't you wait for me?"

Yo le dije te esperé pero no venía, nos venimos caminando con mi primo que va a ir a ver a sus abuelos le dije. Pero mi primo malvado sacó una pistola y le apuntó y le dijo a mi novio que no se acercara a mí. Yo le grite que le pasa porque le quiere hacer daño, él respondió diciendo no se acerque a él porque él le quiere golpear y yo no voy a permitir que a mi familia le hagan daño dijo. Yo le gritaba pero él no me va a hacer daño lo conozco es mi novio desde hace años, yo lo conozco bien, pero mi primo estaba como loco y le apuntaba. Yo por miedo que lo matara no me acerqué pero recuerdo la cara de mi novio con lágrimas en los ojos, yo dije mañana hablo con él y ya él va entender que mi primo está loco. Pero me desgraciadamente si lo perdí pues mi primo empezó a decir que yo era su novia y yo nunca aclaré con mi novio nada.

I told him, "I waited for you but you did not come, we came walking with my cousin who is going to see his grandparents," I told him. But my evil cousin pulled out a gun and pointed it at him and he told my boyfriend to not approach me. I yelled at him, "What's the matter, why do you want to do harm?" He responded saying, "Don't go near him because he he wants to hit you, and I'm not going to allow my family to be hurt," he said. I yelled at him, "But he won't hurt me, he's my boyfriend for years, I know him well," but my cousin was crazy and pointed it at him. I, for fear that he would kill him, did not come close but I remember the face of my boyfriend with tears in his eyes, I told him I'd talk with him tomorrow, and then he would understand that my cousin is crazy. But unfortunately, yes, I lost him because my cousin started to say that I was his girlfriend, and I never clarified anything with my boyfriend.

Dolió haberlo perdido fue el dolor más grande de mi corazón, haber perdido al hombre que yo amaba. Lloré, lloré, lloré. Me fui de la casa de mi mamá otra vez, pero yo sentía que no valía nada.

It hurt to have lost him, it was the biggest pain of my heart, to have lost the man that I loved. I cried, I cried, I cried. I left my mom's house again but I felt that I was worth nothing.

Entonces si conocí lo que era odiar como decía mi familia, pero el odio era hacia mi misma. Me quería morir, no encontraba paz, me regresé a la casa de mi mamá ya casi para cumplir los 20 años y conocí a un señor que a veces lo miraba más o menos bien otras veces lo miraba feo pero él dijo que se quería casar conmigo. Le dije que no y le conté a mi mamá, ella dijo no está tan viejo y yo pensé si está pero él no me va a maltratar. Me casé con él pero para sorpresa mía el día de la boda aparecieron unos niños pidiéndole dinero en plena ceremonia y una mujer con un regalo bien grande. En ese momento él me dijo que ya había tenido mujer y que los niños eran sus sobrinos.

So yes, I knew what it was to hate, as my family said, but the hatred was towards myself. I wanted to die, I couldn't find peace, I went back to my mom's house almost at 20 years old and I met a man who sometimes I looked at him more or less well and sometimes I looked at him ugly, but he said that he wanted to marry me. I told him no and I told my mom, she said "He's not that old," and I thought, "Yes he is, but he will not mistreat me." I married him, but to my surprise, on the wedding day some children appeared asking for money in full ceremony and a woman with a big gift. In that moment, he told me that he had already had a wife and that the children were his nephews.

Fue la decepción más grande de mi vida pero yo pensé irme con mi mamá y después irme a donde él no me encontrara pero él fue más listo que yo y en pleno culto se salió y me dejo sola y cuando vi, alguien sacó a mi mamá de la iglesia. Yo me sentía como una paloma en jaula y cuando todo terminó apareció el muy cansado. Yo le pregunté qué pasa, dijo que nada pero todos hicieron un círculo y me dijeron que no recibiera el regalo. Para mi fue frustrante y más aún cuando pregunté por mi mamá, me dijeron que estaba en el baño, la fui a buscar y no estaba. Lloré de coraje pues el que fue mi esposo la había ido a dejar a la casa de ella que está en una aldea lejos.

It was the biggest disappointment of my life, but I thought I would go with my mom and then go where he wouldn't find me but he he was more prepared than me and in full ceremony he left and left me alone and when I saw, someone took my mom out of the church. I felt like a dove in a cage and when it was all over he appeared very tired. I asked him "What's up?" He said, "Nothing," but everyone made a circle and they told me not to receive the gift. For me it was frustrating, and even more so when I asked about my mom, they told me she was in the bathroom, so I went to look for her and she was not there. I cried out of anger because the one who was my husband had gone to leave her at her home that was in a faraway village.

Me enoje tanto que no sé qué pasó esa noche sólo sé que el siguiente día la que fue mi suegra me dijo bueno aquí está tu responsabilidad. Me entregó dos niños, dijo que eran los hijos de mi esposo. Yo me tuve que hacer cargo de ellos. Los niños no tienen culpa de nada los cuide pero ya no era feliz por la mentira y porque descubrí que él que fue mi esposo era un borracho. Por 15 días sin parar tomaba y todo porque por huir de mi familia que me torturaban con que yo odiaba a mi Hermana cada día yo me enojaba más conmigo. Tuve a mi hija, ella y los niños eran mi única felicidad. Pero cuando yo tuve a mi hija mi Hermana menor se fue de la casa de mi mamá. Mi mamá llegó al pueblo donde yo vivía preguntando por mi esposo. Yo le dije que estaba trabajando, ella lo fue a buscar y le dijo que en donde estaba mi Hermana.

I got so mad that I don't know what happened that night, I only know that the next day the one who was my mother-in-law told me, "Well, here is your responsibility." She gave me two children, and she said that they were the children of my husband. I had to take care of them. Children are not to blame for anything, so I took care of them, but I was no longer happy because of the lie and because I found out that he who was my husband was a drunk. For 15 days, he drank without stopping, and to escape from my family who tortured me by saying I hated my sister, every day I got more angry with myself. I had my daughter, and she and the children were my only happiness. But when I had my daughter, my younger sister left from my mom's home. My mom came to the town where I lived asking for my husband. I told her that he was working, she went to look for him and asked him where my sister was.

En verdad yo no entendía porque mi mamá preguntaba pero ella me dijo tu Hermana se fue mija no sé para dónde y porque. Yo lloré con mi mamá de tristeza y pensando porque se iría de la casa y a mi mamá le avisaron que la habían visto mi hermana en el pueblo cuando mi mamá fue. Le dijeron que sí estuvo allí pero les dijo mi Hermana que mi mamá estaba loca y que la quería matar por una oveja que murió. Buen en fin ella decía mentira tras mentira y un día le dijeron a mi mamá que ella estaba con un viejo, mi mamá fue a buscarla y el viejo le dijo si estaba conmigo pero no la quiero para mujer pues ella tenía 14 años. Después se supo que ella estaba con la guardia de honor en el despacho de la municipalidad. Cuando mi mamá fue a preguntar le dijeron que uno de ellos la llevó a presentarla con su mamá.

I really didn't understand why my mom asked, but she told me, "Your sister left, mija, I don't know where and why." I cried with my mom from sadness and thinking, "Why would she leave the house?" They had told my mom that they had seen my sister in the town when my mom went. They told her that she was there, but my sister told them that my mom was crazy and that she wanted to kill her for a sheep that died. Well anyway, she told lie after lie, and one day they told my mom that she was with an old man. My mom went to look for her and the old man told her, "Yes, she was with me but I don't want her for a wife because she was 14 years old." Later it was known that she was with the honor guard in the municipality office. When my mom went to ask, they told her that one of them took her to introduce her to his mom.

Así que así pasaron como 3 meses hasta que un día alguien me dijo su mamá está con una muchacha comiendo con doña fulana. Yo ¿pero qué raro porque no vino conmigo? Y la mandé a llamar. Cuando ella llegó iba seria y me dijo dame la foto de tu Hermana la única que yo tenía, la tenía en el cuadro la bajé y se la di. Ella me dijo jamás volverá a tus manos ya que no quieres a mi hija.Yo le pregunté ¿ya apareció ella? Me dijo para qué quieres saber y le dije la vieron con una muchacha así dijo ella pero es mi nuera yo le dije pero por qué no me invitaron. Que acaso eres importante, me dijo mi mamá. Yo me sentí como un estiércol que no vale nada, me puse a llorar, me rompí la ropa, me golpeé y no paraba de llorar. Que hice para que me traten así, porque nací, porque tuve que ser yo, decía golpeándome.

So 3 months passed like this, until one day someone said to me, "Your mom is with a girl eating with Mrs. so-and-so." I said, "But how odd, why did she not come with me?" And I told them to call her. When she arrived, she was serious and told me, "Give me the picture of your sister." The only one that I had was in the frame, so I took it down and I gave it to her. She told me, "It will never return to your hands since you don't love my daughter." I asked her, "Did she appear?" She said, "Why do you want to know?" and I told her they saw her with a girl, so she said, "But she is my daughter-in-law." I said to her, "But why didn't you invite me?" "That by chance you are important," my mom said to me. I felt like dung that is worth nothing, I started crying, I tore my clothes, I hit myself, and I wouldn't stop crying. "What did I do to get treated like this, why was I born, why did I have to be me?" I said, hitting myself.

Hasta que un día mi mamá me dijo que si mi hermana había aparecido pero por mi culpa se había ido que por mi marido yo peleaba. Y yo nunca le dije nada cuando la que fue mi suegra me dijo que mi marido y mi hermana se estaban besando una noche que ella se quedó ahí conmigo le dije que se durmiera en la cama de los niños y cuando yo desperté ella estaba acostada en la orilla de la misma cama donde estaba yo y mi marido. Estaban abrazados, yo no la regañe ni nada lo único que le dije fue que no te puse a la otra cama, y el día siguiente como a las 9 de la mañana mi marido la fue a dejar pero me dijo que le diera desayuno y cuando él llegó almorzar me dijo perdóneme pero me metí con su Hermana viera que rica esta y yo no cometí ningún pecado pues ella ya es una mujer.

Until one day my mom said to me that yes, my sister had appeared, but because of me she had gone, since I fought for my husband. And I never told her anything when the one who was my mother-in-law told me that my husband and my sister were kissing one night that she stayed there with me. I told her to go to sleep in the children's bed, and when I woke up she was lying on the edge of the same bed where me and my husband were. They were hugging, I did not scold her or anything, the only thing that I told her was that you didn't go to the other bed, and the next day about 9 o'clock in the morning my husband went to drop her off but he told me to give them breakfast, and when he came to lunch he told me, "Forgive me but I went after your sister, see how beautifil she is, and I didn't commit any sin since she is already a woman."

Saber desde cuando lo hace me dijo pero un favor le pido no vaya a pelear con ella y no le vaya a decir a su mamá que yo la fui a dejar es que nos perdimos unas horas en un lugar que la que llaman el reventón y le di 100 Quetzales para que no le dijera a su mamá así que cuando usted vaya al cumpleaños no diga nada por favor. Estoy siendo honesto con usted dijo yo sinceramente no le creí. Pero llegó el día que teníamos que ir al cumpleaños y él no quiso ir conmigo y me dijo que no dijera nada. Me fui sola con mi niña hasta que llegué a la casa de mi mamá ella se miraba preocupada y ni me sirvió café y le dijo a mi Hermana ve allá con tu tía a traerme la carne. Mi Hermana respondió pero mi tía se tardó un montón hablando, mi mamá le dijo no importa mija tárdate lo que sea. Cuando mi Hermana se fue mi mamá le dijo a mi Hermano cuida cuando viene tu hermana me avisas.

To know since when he does it, he told me, "But I ask you a favor, don't go to fight with her and do not go to tell your mom that I went to leave her, it's that we lost a few hours in a place that they call the blowout and I gave her 100 Quetzales so that she wouldn't tell your mom. So when you go to the birthday don't say anything please. I'm being honest with you," he said. I sincerely did not believe him. But the day came that we had to go to the birthday and he didn't want to go with me and told me not to say anything. I went alone with my daughter until I got to my mom's house, she looked worried and didn't even serve me coffee and told my sister, "Go there with your aunt to bring me the meat." My sister responded that my aunt was delayed a lot talking, and my mom said to her, "It does not matter, mija, take whatever it takes." When my sister left, my mom told my brother, "Keep an eye on when your sister comes, let me know."

Entonces mi mamá me dijo mija quiero hacerte unas preguntas y quiero que me contestes con la verdad sin mentiras. Yo le dije si Ella me dijo ¿tu Hermana llegó a dormir allá contigo todo el día? Sí mamá le respondí. ¿Qué horas llegó? dijo ella, como a las 9 o 10 de la noche llegaron con mi marido le dije.Estas segura dijo mi mamá, si ¿porque? le pregunté. Hay mija, dijo mi mamá y a qué hora salió de tu casa, dijo mi mamá con los labios temblorosos. Como a las 9 de la mañana, la vino a dejar mi marido le dije. Mi mamá nerviosa me dijo no vayas a pelear con tu Hermana mija. Yo voy hablar con ella porque me mintió, dijo que tu marido no quiso venir a dejarlo que dijo que tenía mucho trabajo y no la iba venir a dejar y que ya hay una nueva line de camioneta y que allí se vino porque tu marido estaba enojado dijo.

Then my mom told me, "Mija, I want to ask you some questions and I want you to answer me with the truth without lies." I told her yes, so she told me, "Your sister arrived to sleep there with you all day?" "Yes, mom," I answered. "What time did she arrive?" she said. "About 9 or 10 o'clock at night night they arrived with my husband," I said. "Are you sure?" my mom said. "Yes, why?" I asked her. "Ay mija," my mom said, "and at what time did he leave your house?" my mom said with trembling lips. "Like 9 in the morning, my husband went to leave her I said." My mom, nervous, told me, "Do not go to fight with your sister mija. I'm going to talk to her because she lied to me, she said that your husband did not want to go to drop her off that he said that he had a lot of work and wasn't going to go to leave her and that there is now a new line of bus and that she came there because your husband was angry," she said.

Yo le dije a mi mamá entonces es verdad de que dijo mi mama yo le conté que lo mismo me dijo mi marido y le conte todo a mi mama. Pero a mi Hermana yo no le dije nada, a mi ex marido sí le dije y en ves que pidiera disculpas me dijo por eso le dije que no dijera nada estúpida me dijo. Y después de eso fue que mi Hermana desapareció.

Su misma conciencia la hizo ir pero lo peor fue que cuando regreso a mi, me culpó y todos los dedos señalándome y lo que hacia escribían en cartón con carbón cosas como si yo lo hacía para que mis Hermanos y mi mamá se enojaron conmigo. Desde allí mi marido y yo peleábamos más y nos separamos.

I told my mom then it's true, what my mom said, I told her the same thing my husband told me, and I told everything to my mom. But I didn't tell my sister anything. I did tell my ex husband and instead of apologizing, he told me, "That's why I said to not say anything, stupid." And after that, my sister disappeared.

Her very conscience made her go, but the worst thing was that when it came back to me, it was blamed on me and all the fingers pointed at me and wrote on cardboard with coal stuff as if I caused it, so that my brothers and my mother all got mad at me. From there my husband and I fought more and we separated.

La mamá de los hijos de él llegaba a buscarlos y una vez intentó pegarme pero al fin yo le pegué a ella pues ella me quería cortar la cara con unas tijeras y yo le dije por un hombre yo jamás voy a pelear quédate con él y con tus hijos lo peor que pude hacer fue regresar a la casa de mi mamá. Fue una tortura, mi Hermana dando quejas de mi, haciendo mentiras todo el tiempo. Yo no sabía que hacer, mi ex regreso con la mamá de sus hijos yo desesperada y enojada porque todos contra mi, mis Hermanos, la familia de el. No sabia que hacer, enojada, decidí venirme a los Estados Unidos, trabajar un tiempo y regresar con mis hijos. No me salió el plan pero sí un Hermoso y bello bebe. Decidi quedarme con dos, mi hija y mi hijito. Mis Hermanos obligaron a mi mamá que me sacara de la casa, me fui de la casa de mi mama cuando mi bebe tenia 40 días de nacido. Fue bien difícil para mí pues de lo que yo comía le tenía que dar a mi hija no nos alcanzaba.

The mother of his children came to take them and once tried to hit me, but in the end I hit her because she wanted to cut my face with scissors, and I told her, "For a man, I will never fight you, have him and your children," and the worst thing I could do was to return to my mom's house. It was torture, my sister complaining about me, lying all the time. I didn't know what to do, my ex came back with the mother of his children, me hopeless and angry because everyone against me, my siblings, his family. Not knowing what to do, angry, I decided to come to the United States, work for a while and return with my children. The plan did not work out but, yes, I had a lovely and beautiful baby. I decided to stay with those two, my daughter and my little son. My siblings forced my mom to get me out of the house, so I left my mom's house when my baby was 40 days old. It was very difficult for me because of what I ate, I had to give to my daughter because it was not enough.

Pero yo siempre le digo como dice la canción puedes tu tener mil amores dinero oro y plata molida, pero amor de una madre se tiene solamente una vez en la vida.

Y eso si es muy cierto, pues una mañana mi hija se levantó y metió su ropa en una bolsa y me dijo mami si usted se quiere quedar en esta casa está bien pero yo hoy me voy porque hoy viene mi abuelita y yo me voy con ella. Dijo la verdad, mis ojos se metieron en un mar de lágrimas por ver a mi hija tan segura y como a las 9 de la mañana tocaron el portón de esa casa. Mi hija salió corriendo y me dijo pase mi ropa porque es mi abuelita dijo. Yo sentí que el corazón se me quebraba como hielo pero increíblemente si tenía razón mi hija porque quien tocó era mi mamá.

But I always tell her how the song says you can have a thousand loves, money, gold, and ground silver, but a mother's love you only have one time in life.

And that yes is very true, because one morning my daughter got up and put her clothes in a bag and she told me, "Mami, if you want to stay in this house that is fine, but I'm leaving today because today my grandmother is coming, and I'm going with her." She told the truth, my eyes became a sea of tears in seeing my daughter so safe and like at 9 in the morning they knocked on the door of that house. My daughter ran out and told me, "Pass my clothes because it is my grandmother," she said. I felt that my heart was breaking like ice but, incredibly, yes, my daughter was right because it was my mother who rang.

La verdad mi cuerpo se desvaneció como el polvo de ver a mi mamá, cómo es que ella me encontró si no sabía nada de mí, pero entendí que eso sólo lo hace el amor de una madre no importa lo mal que los hijos se porten la abrace y no pude detener el mar de lágrimas que brotaban de mis ojos y mi hija se fue con ella. Luego yo me fui de esa casa para otra con mi hijo pequeño y al mes me fui para la capital de mi país, ahí conocí lo que es no tener dinero ni comida. Me tocó sacar comida de los basureros y comer lo que estaba bueno para que mi hijo tuviera leche y después de un tiempo encontré trabajo en una casa donde sólo me pagaban 300 Quetzales al mes porque tenía a mi hijo. Pero la señora siempre tenía fiestas y me decía que ella cuidaría a mi hijo mientras yo con él cocinaba.

The truth is my body faded like the dust to see my mom, how is it that she found me if she didn't know anything about me? But I understood that only a mother's love does this, no matter how badly children behave she hugs them, and I couldn't hold back the sea of tears that flowed from my eyes, and my daughter went with her. Then I left that house for another with my little son, and a month later I went to the capital of my country, there I learned what it is not to have money or food. I had to get food from the garbage cans and eat what was good for my son to have milk, and after a while I found work in a house where they only paid me 300 Quetzales a month because I had my son. But the lady always had parties and would tell me she would take care of my son while I cooked with him.

Pero un día cuando mi hijo tenía un año de edad, yo escuchaba que todos se reían y fui a dejar unos bocadillos a la mesa y de mi hijo se reían. Lo habían emborrachado en la mamila, o pacha como le decimos nosotros. Le habían metido cerveza con jugo. Yo me sentí como la peor mamá del mundo, lloré porque es lo único que sabía hacer y les quite a mi hijo y me lo llevé a la cama y no dije nada pues pensaba que no tenía derecho de decir lo que me molestaba porque iban a decir que yo era mala. Lo que hice, me fui de mi trabajo para donde mi mamá y el que fui mi esposo me tomaba las veces que él quería porque me amenazaba que me quitaría a mi hija. Cada día yo pensaba que por qué nací, solo para ser la burla de todos y olvidé decir no o decir lo que no me gustaba.

But one day when my son was one year old, I heard that everyone was laughing, and I went to leave some sandwiches at the table, and they were laughing at my son. They had gotten him drunk in the bottle or "pacha" as we say. They had put beer in it with juice. I felt like the worst mom in the world, I cried because it is the only thing I knew how to do, and took away my son, and I took him to bed, and I didn't say anything because I thought that I had no right to say what bothered me because they were going to say that I was bad. What I did, I left from my work to where my mom was and the one who was my husband, he took me as many times as he wanted because he threatened that he would take away my daughter. Every day I thought, "Why was I born, just to be the mockery of everyone?" And I forgot to say no or say what I didn't like.

La vida se me complicó más pues las mentiras de mi hermana y los golpes de mi hermano menor. Después de intentar acabar con mi vida un día mi Hermano se montó sobre mí apretándome el cuello y en la noche mi hija me dijo, mami váyase porque a mí se me va olvidar que él es mi tío y lo voy a golpear y como alguien me estaba buscando para matarme porque el que fue mi esposo pagó, decidí venirme para los Estados Unidos. Aquí fue peor alguien me tomó a la fuerza y quedé embarazada. Me odié aún más y odié ser mujer, odiaba los vestidos, los espejos, me golpeaba todos los días. Pero la llegada de mi hijo y las sonrisas de él me alegraban. Busqué ayuda porque no sabía qué hacer, recibí terapia por casi 4 años. Pero un día me dijo mi familia que nací solo para estorbar y mis hijos no querían saber de mí. Tomé la decisión de terminar la vida y tirarme de un puente.

Life got more complicated for me with my sister's lies and the blows from my younger brother. After trying to end my life one day, my brother mounted on me, squeezing my neck, and at night my daughter told me, "Mami, leave because I know I will forget that he is my uncle, and I will hit him," and since someone was looking to kill me because the one who was my husband paid, I decided to come to the United States. Here it was worse, someone took me by force and I became pregnant. I hated myself even more, and I hated being a woman, I hated dresses, mirrors, I hit myself everyday. But the arrival of my son and his smiles cheered me up. I looked for help because I didn't know what do, I received therapy for almost 4 years. But one day my family told me that I was born just to get in the way and my children did not want to know about me. I took the decision to end life and jump off a bridge.

Hice una carta, la metí en la mochila de mi hijo y le dije a mi hermana mayor que iba a salir y ella no me dejaba ir hasta que yo le dije voy a ir a la iglesia. ¿Cuál iglesia? dijo ella, yo le dije que está en 21 vanes. Ella y su marido me llevaron, yo les dije que quería estar sola pero ellos no se fueron. Yo estuve un rato en el parque o de la iglesia. Por un rato nadie me hablaba, yo me sentía como un pollo arrimado al gallinero y cuando terminaron de cantar salí corriendo pero mi hermana estaba allí y entonces me arranqué que el pelo pues no me iba poder matar. Ella me entrego a mi hijo y yo regresé al parqueo y ahí llegó un señor con tanto cariño me saludó me tomó del brazo y me llevó a sala cuna me dijo que podía dejar a mi hijo ahí y que dejaría mis datos.

I made a letter, I put it in my son's backpack and I told my older sister that I was going to leave, and she would not let me go until I told her I'm going to go to church. "Which church?" she said, I told her, "It's in 21 vanes." She and her husband took me, I told them I wanted be alone but they didn't go. I stayed a while in the park or in the church. For a while nobody spoke to me, I felt like an unwelcome chicken in the chicken coop, and when they finished singing, I ran away, but my sister was there, and then I ripped at my hair because I was not going to be able to kill myself. She gave me my son and I went back to the parking lot and there a man came and greeted me with so much affection, took me by the arm, and led me to the nursery where he told me that I could leave my son there and to leave my information.

Yo dejé los de mi hermana para que cuando el culto terminara a ella la llamaran y yo ya iba estar muerta y en la mochila de mi hijo había dejado una carta para que mi hermana mandara a mi hijo a Guatemala con mi mamá para que él creciera con sus hermanos. Pero en los planes de Dios estaba salvar mi alma, porque cuando salí de sala cuna el señor estaba allí me tomó del brazo y me llevó a la segunda planta del edificio. Lo recuerdo muy bien, yo estaba super enojada con ese señor pues no me soltó hasta que me senté. Yo sentía como si el corazón lo tenía lleno de piedras y fuego de coraje, yo ya no quería vivir un día más pero cuando el pastor empezó a hablar yo vi que una nube la cubrió y pude ver como ángeles riendo y un dibujo como pintan a Jesús atrás del pastor con los brazos abiertos mientras el pastor oraba.

I left my sister's so that when the service ended, they would call her and I was already going to be dead. In my son's backpack, I had left a letter so that my sister would send my son to Guatemala with my mom so that he would grow up with his siblings. But it was in God's plans to save my soul, because when I left the nursery the man was there and he took me by the arm and led me to the second floor of the building. I remember it very well, I was super angry with this man since he didn't let go of me until I sat down. I felt like my heart was full of stones and fire of courage, and I already didn't want to live another day, but when the pastor began to speak I saw that a cloud covered him and I could see angels laughing and a drawing how they paint Jesus behind the pastor with open arms while the pastor prayed.

La duda de ver qué pasaba me quedo pero lo primero que dijo el pastor Tony Lopez fue el título ¿como salir del hoyo? Eso me encantó y él dijo una vez un burro cayó en un pozo de 6 metros de profundidad y no había manera de como sacar al burro ni con grúa. Pues el dueño del burro decidió enterrar vivo al burro, buscó gente con palas y empezaron a tirarle tierra.

The doubt to see what happened stayed, but the first thing that Pastor Tony Lopez said was the title, "how to get out of the hole?" I loved that, and he said once a donkey fell into a 6 meter deep well and there was no way to get the donkey out, not even with a crane. Well the owner of the donkey decided to bury the donkey alive, looked for people with shovels, and they started throwing dirt on it.

Cuando faltaba poco para tapar el hoyo el burro rebuzno y el dueño sorprendido dijo cómo es que esta vivo. Pero todavía no podía salir el animal, así que siguieron tirandole tierra y el burro salió del hoyo. Qué fue lo que el burro hizo para salir, utilizó la tierra para subir. El no se quedó cargando la tierra le cubría la tierra en el lado derecho izquierdo en la cabeza en la cola y él se sacudía y lo pisaba y así salió del hoyo.

When there was little left to cover the hole, the donkey brayed and the owner, surprised, said, "How is it that he is alive?" But the animal still couldn't get out, so they kept throwing dirt and the donkey came out of the hole. What was it that the donkey did to get out? He used the earth to climb. He did not stay carrying the earth. It covered him, earth on the right side, left, on the head, on the tail, and he would shake and step on it and so he came out of the hole.

Dijo el pastor y como usted quiere tirar la toalla quiere morir porque quizás hasta sus familiares le han dicho que no sirve para nada, no, usted es hijo o hija de Dios hecho a imagen de Dios mismo. Si el burro siendo un animal no se quedó en el hoyo, porque usted con los problemas ya no aguanta.Tírelos y utilícelos para salir adelante y salir. Esas palabras a mí me sirvieron, cuando me di cuenta yo estaba llorando y juré no pensar más en quitarme la vida y que yo quería ser como ese burro. El pastor también dijo, usted quiere que la gente o su familia cambie, y por qué no cambia usted. Tal vez usted es una mujer que fue abusada y ahora tiene un hijo o hija, porque no le da gracias a Dios y ame esa herencia que Dios le dio. Ni una hoja de un árbol cae si Dios no lo permite, dijo el pastor.

The pastor said, "And how do you want to throw in the towel, want to die because maybe even your relatives have said that you are useless? No, you are the son or daughter of God made in the image of God himself. If the donkey, being an animal did not stay in the hole, why can't you endure your problems? Throw them away and use them to get ahead and get out." Those words served me, when I realized I was crying, and I swore not to think anymore of taking my life, and that I wanted to be like that donkey. The pastor too said, "You want people or your family to change, but why don't you change? Maybe you are a woman who was abused and now you have a son or daughter, why don't you give thanks to God and love that inheritance that God gave you? Not a leaf of a tree falls if God does not allow it," said the pastor.

Yo sentí que el mensaje era para mí y le pedí perdón a Dios y a mi hijo y prometí amar con todo mi ser a mi hijo. El ya tenía tres añitos y desde entonces han pasado tantas cosas en mi vida pero los problemas para mí son para salir adelante. Aunque cualquier palabra a cualquier persona me destruía, le ponia importancia a todo pues yo pensé que en la iglesia no había gente mala de mal corazón. Pero Bendito sea mi Dios porque conocí a una persona y parecía el más bueno, me hablaba de Dios hasta que por otro problema nos acercamos a él.

I felt that the message was for me, and I asked God and my son for forgiveness, and I promised to love my son with all my being. He was already three years old, and since then so many things have happened in my life but the problems for me are to move forward. Even though any word to anyone would destroy me, I put importance on everything since I thought that in the church there were no bad people with a bad heart. But Blessed be my God because I met a person and he seemed the most good, he talked to me about God until for another problem we became closer to him.

Cuando mis hijos hablaban con él, eran más cariñosos, me abrazaban y me decían el hermano nos aconsejó que nos portáramos bien pues él dice que su mamá lo abandonó cuando él era niño y su madrastra le decía no vales nada ni lo que vale un perro por eso tu madre te abandonó y eso a él le dolía. Hasta que un día decidimos vivir juntos. Fue horrible los días más largos de mi vida él se transformó, dejó de ser bueno, hizo que mis hijos no se hablaran, por todo me criticaba hasta por unos cuadras que colgué en la pared, por mi ropa, por comer. A mi hijo le decía tosco, ay no, fue una tortura y estábamos en redwood city yo encontré un lugar en San Francisco y regresé. El se vino a vivir con nosotros pero los problemas no se acababan, al contrario cada día eran más grandes. Decidí correrlo de mi casa pues no daba nada ni renta ni comida y maltrataba a mi hijo.

When my children talked wih him, they were more affectionate to me, they hugged me and they told me, "The brother advised us to behave well since he says that his mother abandoned him when he was a child and his stepmother told him, 'You're worth nothing, not even what a dog is worth, that's why your mother abandoned you,' and that hurt him." Until one day we decided to live together. It was horrible, the longest days of my life, he transformed himself, stopped being good, made it so my children did not speak to each other. He criticized me for everything, even for a few frames that I hung on the wall, for my clothes, for eating. He used to say crude things to my son, ay no, it was torture, and we were in Redwood City. I found a place in San Francisco, and I came back. He came to live with us but the problems did not end, on the contrary every day they were bigger.

Decidí correrlo pero él me dijo que habláramos, yo no quise, se fue pero lo malo que le estaba pidiendo dinero a mi hijo y así pasó el tiempo. Yo le pagué con cheque para que dejara a mi hijo en paz pero él seguía. Luego en un grupo que yo creía que era mi apoyo les dije que gracias por sus oraciones que por fin ese hombre se había ido, como el grupo era sólo de mujeres. Pero yo no sabía que allí estaba la mujer con quien él andaba y él me llevó con el pastor, pero me amenazó si le decía la verdad al pastor me iba a arrepentir así que no dije nada y con el pastor quedé como mala.

I decided to kick him out of my house since he did not give anything, neither rent nor food, and he mistreated my son. I decided to kick him out, but he told me, "Let's talk." I did not want to, he left, but the bad thing was that he was asking my son for money, and so time passed. I paid him by check to leave my son alone, but he continued. Later in a group that I thought was my support, I said, "Thank you for your prayers that finally that man was gone," as the group was only of women. But I didn't know that there was the woman he was seeing, and he took me to the pastor, but threatened me that if I told the truth to the pastor I was going to regret it, so I did not say anything, and with the pastor I came off as bad.

Pero esto no quedó allí, él de coraje me hizo daño y amenazó con hacerle daño a mis hijos sobre todo a mi hija y gracias a Dios lo denuncie a la policía pero él no conforme mandó a su hermana a el trabajo de mi hija a amenazarla con echarle a la migra. Así que le di parte a la policía, de la Hermana, luego deje de ir por otros problemas y cuando volví tenía un dolor de espalda fuerte caminaba despacio. Ese hombre hizo una página de facebook con mi foto y ofendió a casi todos los miembros de la Iglesia y yo sin saber nada. Alguien me tomó del brazo y me dijo qué está pasando y me enseñó. Me di cuenta que si era otra página de facebook y lloré y pensé no volver a la Iglesia pero bendito sea Dios que pasó todo esto. Yo descubrí que es estar como el burro en el hoyo y salir.

But this did not stay here, he, with courage, hurt me and threatened to hurt my children, especially my daughter, and thank God I reported him to the police, but he did not comply. He sent his sister to my daughter's work to threaten to expose her to la migra. So I told the police about the sister, then I stopped going for other problems, and when I came back I had severe back pain I walked slowly. That man made a facebook page with my photo and offended almost all the members of the Church without me knowing anything. Someone took me by the arm and told me what was going on and showed me. I realized that yes, it was another facebook page, and I cried and I thought about not going back to Church but blessed be God that all this happened. I discovered what it is to be like the donkey in the hole and leave.

La mayoría de las que decían ser mis amigas y mis Hermanas me empezaron a atacar por mensaje de texto maltratandome, incluso algunas hasta dejaron de hablarme y pidieron que yo ya no fuera a la iglesia. La líder de grupo de mujeres me dijo que mientras ella era la líder no me quería ver ahí porque no quería perder a sus mujeres. Yo lloré, como ser humano me sentía destrozada pero esta vez no me golpee. Caí de rodillas ante Dios y le dije yo te pido perdón padre porque yo confié en la gente, creí que me amaban y mira lo que me han hecho Dios dime qué hago y con lágrimas en los ojos sentí como Dios me tomó en sus brazos y sentí una paz y una tranquilidad que el mundo no me da. Aprendí a no confiar en nadie, no porque van a la Iglesia son buenas.

Most of the ones that said they were my friends and my sisters started attacking me through text message and mistreating me, some even stopped talking to me and asked that I no longer go to the church. The leader of the group of women told me that while she was the leader, she didn't want to see me there because she did not want to lose her women. I cried, as a human I felt devastated, but this time I did not hit myself. I fell on my knees before God and I told him, "I beg your pardon father, because I trusted in people, I thought they loved me and look what they have done to me, God, tell me what to do," and with tears in my eyes, I felt as if God took me in his arms, and I felt a peace and a tranquility that the world does not give me. I learned not to trust in anyone, not because they go to Church are they good.

La mayoría se visten de piel de ovejas y a Jesús le crucificaron no teniendo delito entonces dije sí a Jesús que es el hijo de Dios lo humillaron que no harán con su pueblo y la verdad hoy soy más fuerte que nunca. Todo lo puedo en Cristo que me fortalece. Hoy he puesto mi confianza sólo en Dios y sólo en él y decidí no salirme de la iglesia pues mi fe está en Dios no en el ser humano y Dios me ha bendecido de una manera tan increíble. Luego me di cuenta que yo confiaba más en mis amistades y no en Dios pero que bueno por mis errores pues gracias a ellos yo soy mejor cada día y también me di cuenta que yo no soy lo que dicen que soy.

Most are dressed in sheepskin and they crucified Jesus, who had committed no crime, so I said yes to Jesus, who is the son of God that they humbled so they wouldn't do it to his people, and the truth is today I am stronger than ever. I can do everything in Christ who strengthens me. Today I have put my trust only in God and only in him, and I decided not to leave the church because my faith is in God, not in the human being and God has blessed me in such an incredible way. Then I realized that had I trusted more in my friends than in God, but how good for my mistakes since thanks to them I am better every day and I also realized that I am not what they say I am.

Yo soy quien Dios dice que soy y con esa fe y actitud descubrí, también gracias a mi sobrino que ni siquiera conozco me mandó mensajes en facebook ofendiendome y gracias a que mi padre dijo que yo no amaba a mi hermana mis sobrinos siguen diciendo lo mismo y una de mis hermanas dijo que tenía miedo que yo le hiciera daño a mi sobrino como el dinero todo lo hace dijo. Me di cuenta que ella es la que me odia y todos contra mí por lo mismo pero me cansé y decidí no llorar más por convencerlos a ellos que yo no odio y nunca he odiado a mi hermana. Decidí alejarme de todos mis Hermanos, pues ni ellos ni mi padre, nadie sabe y puede decir que hay en mi corazón pues nadie lo conoce sólo Dios y como lo que a mí me importa es lo que Dios diga de mí lo demás no me importa.

I am who God says I am, and with that faith and attitude I discovered, also thanks to my nephew that I don't even know who sent me messages on facebook offending me, and thanks to my father who said that I didn't love my sister and my nephews who keep saying the same, and one of my sisters who said she was afraid that I would hurt my nephew with the money he makes. I realized that she is the one who hates me and everyone is against me for the same, but I got tired and I decided not to cry anymore to convince them that I don't hate and have never hated my sister. I decided to distance myself from all my siblings, since neither they nor my father nor anybody else knows and can say what's in my heart because, nobody knows, only God, and since what matters to me is what God says about me, the rest I don't care about.

Gracias a Dios uno de mis Hermanos que siempre ha sido calmado es el único que me habla él no se mete con nada mientras tenga vida yo y él siga así es el único hermano con quien me comunico. Por todo esto decidí escribir este libro por si alguien está pasando un problema, o te han dicho que no vales, los amigos te dieron la espalda, te sientes solo o sola, yo te entiendo porque las palabras te levantan o te destruyen más viniendo de tus padres te bajan el autoestima y te puede destruir la vida si no buscas a Dios. El es el mejor amigo el que dio su vida por ti en una cruz, te imaginas el dolor que pasó por amarme a mí y a ti. Búscale, creele, y confía en él. Y para los padres de familia, no hablen por hablar, pidan sabiduría a Dios y encaren a sus hijos.

Thank God one of my brothers who always has been calm is the only one that talks to me, he doesn't mess with anything while I have life. He and I continue like this, he is the only sibling with whom I communicate. For all this, I decided to write this book in case someone is experiencing a problem, or you've been told you have no worth, friends have turned their back on you, you feel lonely or alone, I understand you because words can lift you up or destroy you, especially coming from your parents. They lower the self-esteem and it can destroy your life if you do not seek God. He is the best friend, the one who gave his life for you on a cross, can you imagine the pain that he experienced to love me and you? Search for him, believe him, and trust in him. And for the parents of families, don't speak to speak, ask for wisdom from God and face your children.

No por proteger a uno destruyan la vida de otro, porque Dios les va pedir cuentas que hicieron con la creencia que él les dio. Se los digo yo que hasta mis 45 años decidí dejar ese bulto y ser libre y feliz porque las palabras de mi padre me marcaron y casi acabaron con mi vida. Hoy sé que nadie tiene derecho de decir quién soy solo Dios.

Padres tenemos que pensar antes de hablar para no crear hijos que se sienten rechazados y el autoestima lo tengan por los suelos y cualquiera verga y los destruya. Tenemos que criar hijos seguros de sí mismos y buenos ciudadanos porque uno de niño ve a sus padres como eres ejemplo a seguir y si tus palabras son malas en quien confiar.

Don't protect one by destroying the life of another, because God will ask for accounts of what you did with the faith that he gave you. I tell you that at 45 years old I decided to leave that burden and be free and happy because the words of my father marked me and almost ended my life. Today I know that nobody has the right to say who I am, only God.

Parents, we have to think before speaking so as not to create children that feel rejected and have their self-esteem on the floor, and any prick at it destroys them. We have to raise children secure with themselves and good citizens because as a child you see your parents as an example to follow and if your words are bad in whom can they trust.

A mí los hijos si se supone que los padres debemos proteger y somos los primeros en destruir que nuestra lengua no sea quien dañe a nuestros hijos y que nuestras palabras no sean quien destruya a nuestros hijos sino como padres tenemos que amar y proteger y enseñarles a nuestros hijos cómo ser fuertes y sabios para enfrentar la vida. Ojalá mi historia sirva de algo a los padres a no tener hijos preferidos y no tomar el papel que sólo Dios lo puede hacer porque nadie sabe que hay en el corazón sólo Dios. Ya no hagamos hijos débiles, construyamos hijos que confían en Dios y en sí mismos. Gracias a Dios por las predicaciones del pastor Tony lopez me han ayudado pero sobre todo la Biblia la palabra de Dios donde dice aunque tu padre y tu madre te abandonaron con todo yo te recogeré.

To me the parents are supposed to protect the children and not be the first ones whose tongue destroys, who hurts our children, and that our words are not what destroys our children but as parents we have to love and protect and teach our children how to be strong and wise to face life. Hopefully my story serves as something for parents not to have preferred children and not take the role that only God can do because nobody knows what's in the heart, only God. Let's no longer make weak children, let's build trusting children that trust in God and in themselves. Thank you to God for the preaching of the pastor Tony Lopez, they have helped me but above all the Bible, the word of God where it says even though your father and your mother abandoned you, with everything I will pick you up.

Yo le creo Él y sobre todo la comunicación que yo tengo con Dios orando y las cosas cambian por eso. Tú que vas a leer este libro no busques religión ni dependas de amigos solo busca a Dios pon tu fe en él y te darás cuenta que sólo Jesús es tu amigo. Te lo digo yo que he pasado por cosas que tú ni te imaginas, la salida a los problemas no son las drogas el licor o los "amigos" o la muerte, la salida a tus problemas es Jesús. Yo bendigo el nombre de Dios porque a pesar de la pandemia, a mí no me ha hecho falta nada.

I believe Him, and above all the communication that I have with God, praying, and things change for that reason. You who are going to read this book, do not search for religion, do not depend on friends, just look for God, put your faith in him and you will realize that only Jesus is your friend. I tell you, I that have been through things that you can't even imagine, the way out of problems are not drugs, liquor, or "friends," or death, the way out of your problems is Jesus. I bless the name of God because despite the pandemic I haven't needed anything.

Tengo de todo y cuando digo todo es todo, incluso hasta al qué fue mi novio con quien yo pensaba casarme cuando joven apareció en plena pandemia. Nos hablamos por teléfono y él está solo igual que yo. Yo decidí ser feliz, mi felicidad no depende de nadie, solo de Dios y mi decisión.

I have everything, and when I say everything it's everything, even the one that was my boyfriend, with whom I was thinking of getting married when I was younger, appeared in the middle of a pandemic. We spoke on the phone and he is single just like me. I decided to be happy, my happiness does not depend on anyone, only on God and my decision.

Yo sé que soy una piedra y Dios me está puliendo para que brille. Bendito sea Dios, cada problema que llega a mi vida es un escalón más para no quedarme en el suelo sino ser una mejor persona. Hoy gracias a Dios tengo una nuera, un yerno y lo más lindo 2 nietos. Que más le puedo pedir a la vida. Pero para pensar esto, ya tengo 45 años fue muy duro y difícil sanar mi corazón y perdonar a quienes me hicieron daño, sobre todo a mi papá pues él me hizo creer que yo era mala y por lo mismo yo no quería que nadie se acercara a mí para no hacerle daño. Pero eso es sólo mentira.

I know that I am a stone and God is polishing me for me to shine. Blessed be God, every problem that comes into my life is one more step to not stay on the ground but to be a better person. Today thank God I have a daughter-in-law, a son-in-law, and the cutest 2 grandchildren. What else can I ask of life. But to think this, already I'm 45 years old, it was very hard and difficult to heal my heart and forgive those who hurt me, my dad most of all since he made me believe that I was bad and for the same reason I did not want anyone to come near me so as not to hurt them. But that's just a lie.

Pero es lo que a mi me hicieron creer y por eso mucha gente aprovecho para hacerme daño. Como por ejemplo cuando estaba esperando de mi tercer hijo. Una mujer prometio ayudarme pero lo que hizo fue quitarme a mi hijo, me lo robo desde el hospital. Yo lloraba pero no sabia que hacer y me di cuenta que no todo lo brilla es oro pues me engano la mujer y me senti como una basura que no vale nada. Pues no sabia como recuperar a mi bebe pero tambien aprendi que amor de madre solo hay uno y esta historia continua

But it's what they made me believe and that's why many people took advantage to hurt me. Like for example when I was expecting my third child, a woman promised to help me, but what she did was take my son from me and stole him from the hospital. I cried and I did not know what to do, and I realized that not everything that shines is gold because the woman lied to me and I felt like worthless garbage. Well, I didn't know how to get my baby back, but I also learned that a mother's love is one and only, and this story continues.